Inhalt

Best Agers - mit Age Diversity gegen den Arbeitskräftemangel

Kernthesen

Beitrag

Fallbeispiele

Weiterführende Literatur

Impressum

Best Agers - mit Age Diversity gegen den Arbeitskräftemangel

M.Reiner

Kernthesen

- Trotz des kommenden Fachkräftemangels und der zunehmend alternden Bevölkerung, setzen die meisten Unternehmen noch immer auf junge Arbeitnehmer und ignorieren wertvolle Ressourcen der sogenannten "Best Agers". (1), (4), (8)
- Um gegen den demographischen Wandel gerüstet zu sein, genügt es nicht, ältere Menschen länger zu beschäftigen, sondern erfordert eine Auseinandersetzung mit den Besonderheiten dieser Erwerbsgruppe. (4), (5)

- Vorausschauende Personaler, die auf das Know-how sowohl der jungen als auch der älteren Erwerbsgruppen nicht verzichten möchten, setzen auf "Age Diversity" Maßnahmen und bündeln so die unterschiedlichen Kompetenzen im Unternehmen. (2), (3), (7)

Beitrag

Lange zählten sie zum alten Eisen und wurden seit den 80iger Jahren reihenweise in Altersteilzeit oder Frührente geschickt. Heute sollen die sogenannten "Best Agers" die Retter in der Krise sein. Doch kaum jemand will sie haben.

Dabei sorgt das prognostizierte Szenario einer Kopf stehenden demographischen Pyramide für Wirbel unter den Ökonomen. Bereits Ende dieses Jahrzehnts werden demnach 58 Prozent aller Mitarbeiter über 40 Jahre alt sein und ein akuter Nachwuchsmangel herrschen. Trotz der Warnungen nehmen nur wenige Betriebe Best Agers als Humankapital wahr und rüsten sich mit Age Diversity Maßnahmen für die Zukunft.

Demographischer Wandel

Stellen heute die 35- bis 49jährigen die größte Bevölkerungsgruppe im Erwerbsalter dar, sollen bereits in 15 Jahren aufgrund der geburtenschwachen Folgejahrgänge die 50 bis 64jährigen mit 39 Prozent die Mehrheit bilden. Aus Angst vor dem drohenden Fachkräftemangel hat die EU die Mitgliedsländer dazu aufgerufen, bis zum Jahr 2010 die Zahl der Beschäftigten im Alter von 55 bis 64 Jahren auf 50 Prozent zu steigern. Für Deutschland hieße das, die Zahl der älteren Beschäftigten auf insgesamt über 1 Million zu erhöhen. (4), (8)

Ältere Mitarbeiter unerwünscht

Ein kaum realisierbares Unterfangen, vor allem in Anbetracht der unternehmerischen Haltung in Deutschland. Ältere Mitarbeiter sind nach wie vor unerwünscht - 15 Prozent der Unternehmen sind nicht bereit, ältere Mitarbeiter zu beschäftigen. 31 Prozent würden nur mit finanzieller Beihilfe Arbeitnehmer über 50 einstellen.

Grund dafür ist der weit verbreitete Glaube, ältere Mitarbeiter wären nicht nur teurer, sondern auch weniger leistungsstark als ihre jüngeren Kollegen. Hinzu kommen längere Ausfallzeiten bei Krankheit und schwere Kündigungsverfahren. Begründete Zweifel, denen die Politik durch die Entschärfung des Kündigungsschutzes, finanzielle Beihilfen und das Antidiskriminierungsgesetz entgegenzusteuern versucht.

Die Stärken der Älteren - Kompetenzen erkennen

Im Hinblick auf die Zukunft ist es jedoch notwendig, ältere Mitarbeiter als Human Capital zu verstehen und die Kompetenzen der 50 + Generation zu nutzen und zu fördern. Vorausschauende Unternehmen wie Kraft Foods, Siemens oder die Deutsche Bank agieren mit Age Diversity Programmen und entwickeln Modelle, mit denen sie das Fachwissen und die Loyalität der Älteren für sich zu nutzen wissen.

Mit lebenslangem Lernen gegen die Routine

Nicht das Lebensalter, sondern die jahrelange Routine bei ein und demselben Unternehmen sind der Grund dafür, dass viele ältere Mitarbeiter in der Leistung abbauen. Der Arbeitgeber sollte den Mitarbeitern die Möglichkeit geben, sich weiter zu entwickeln und geistig mobil zu bleiben. Unterstützung bekommen Unternehmer vom Staat, der Weiterbildungsmaßnahmen für Ältere fördert. Siemens bietet beispielsweise den Älteren ab 40 ein Seminar über die persönliche Standortbestimmung und Entwicklungsplanung. Auch eine leistungsabhängige Bezahlung kann dazu beitragen, die Mitarbeiter zum Lernen zu animieren. Zu berücksichtigen ist allerdings, dass ältere Angestellte nicht durch altersgerechte Programme stigmatisiert werden und sich als Randgruppe fühlen. (6), (8)

Aktives Gesundheitsmanagement

Viele Unternehmer befürchten, dass ältere Mitarbeiter vermehrt krank werden oder Arbeitsunfälle erleiden. Doch auch das muss kein Grund sein, auf diese Arbeitnehmer zu verzichten: mit ergonomisch optimierten Arbeitsplätzen kann aktiv die Gesundheit der Mitarbeiter unterstützt werden. So hat ein japanischer Betrieb an den Fließbändern unterschiedliche Arbeitsgeschwindigkeiten für unterschiedliche Arbeitsgruppen zugelassen und die Produktivität um 10 Prozent gesteigert. Auch

Arbeitsunfälle, die oft durch mangelndes Seh- oder Hörvermögen ausgelöst werden, können durch gezielte Prävention verhindert werden. (6)

Zielgruppengerechter Mitarbeitereinsatz und flexible Arbeitszeiten

Nicht nur die Mitarbeiter, auch die Kundschaft altert im gleichen Maße. Produkte, Prozesse und der Beratungsstil müssen den Gegebenheiten angepasst werden. Ältere Mitarbeiter kennen den Markt, das Unternehmen und die Kunden und können entsprechend ihrer Bedürfnisse handeln. Bei dem Discounter Netto beispielsweise sorgen in einigen Märkten Mitarbeiter ab 45 Jahren durch ihre Erfahrung für eine zufriedene Kundschaft. Warenhäuser wie Kaufhof oder Karstadt profitieren von der flexiblen Einsatzplanung älterer Mitarbeiter, die weniger an die Familie gebunden sind. (4), (5)

Age Diversity als personalpolitisches Konzept

Vereinzelte Unternehmen haben durch eine ausgewogene Alterstruktur einen Weg gefunden, um die Ressourcen ihrer Mitarbeiter bestmöglich für sich zu nutzen. Während sich jüngere Arbeitnehmer durch frisches akademisches Wissen, schnelles Lernen und Innovationsfähigkeit auszeichnen, profitieren die Betriebe gleichzeitig von der Erfahrung, Toleranz, Loyalität, Führungsfähigkeit und sozialen Kompetenz der älteren Mitarbeiter. Durch das sogenannte "Age Diversity" werden im Unternehmen all diese Kompetenzen gebündelt. Manchen gehen sogar noch einen Schritt weiter: In dem Bestreben, neue Formen des Wissenstranfers auszuschöpfen, hat die Deutsche Bank "Know-how Tandems" ins Leben gerufen. Zwei Arbeitnehmer, die einen Altersunterschied von mindestens 15 Jahren haben, arbeiten über einen längeren Zeitraum in Teams eng zusammen und profitieren von einander. Durch den Altersunterschied wird außerdem sichergestellt, dass selbst beim Ausscheiden von Mitarbeitern wertvoller Erfahrungsschatz dem Unternehmen erhalten bleibt. [1], [2]

Fallbeispiele

Mit Best Agern auf Kundenfang: immer mehr Warenhäuser wie Kaufhof oder Karstadt setzen im Textilbereich auf ältere, meist weibliche Verkäuferinnen. Grund dafür ist deren höhere Flexibilität. Vielfach werden sie als Teilzeitkräfte eingesetzt, die zudem durch ihre Familienunabhängigkeit an keine festen Arbeitszeiten gebunden sind. Das ermöglicht den Betrieben eine effiziente Einsatzplanung. Fast 37 Prozent aller Teilzeitkräfte im Mode-Einzelhandel sind über 50 Jahre. Auch in der Möbelbranchen setzen Betriebe wie Segmüller auf Erfahrung, um die Authentizität und Glaubwürdigkeit bei der Beratung zu sichern. (5)

Fit für die Zukunft: Mit Age Diversity Maßnahmen wagen Unternehmen die ersten Schritte, um die Altersvielfalt im Unternehmen zu sichern (1), (2), (4), (5) (6):
- Deutsche Bank: da es immer schwieriger ist, geeigneten Nachwuchs zu finden, fördert der Betrieb die Leistungsbereitschaft und das Wissen erfahrener Mitarbeiter.
- Siemens: bietet Mitarbeitern über 40 Jahren fünftägige Seminare für die persönliche Standortbestimmung und Entwicklungsplanung.
- DaimlerCrysler: verankert in seiner Personalstrategie die Initiative Aging Workforce, zu der auch die Themen "lebenslanges Lernen" und "Gesundheitsmanagement" gehören.

- Kraft Foods: um ein Diskussionspapier zu den Anforderungen an eine altersgerechte Personalpolitik zu entwickeln hat der Betrieb die Arbeitsgruppe 45 plus in die Welt gerufen. Künftig setzen sich Betriebsrat, Personal- und Sozialberatung mit dem Thema auseinander.
- Lufthansa: Bei dem zweitägigem Seminar "Pro 40" lernen Mitarbeiter ab 40 Jahren in einem Self Assessment ihre eigenen Stärken und Schwächen einzuschätzen.
- Metro Group: hat nicht nur Altersteilzeitmodelle abgeschafft, sondern will auch mit jüngeren und älteren Mitarbeitern über demographische Karrieremodelle reflektieren und altersgerechte Weiterbildungsangebote schaffen.

Bei dem Ingenieurdienstleister Brunel GmbH profitieren alle Mitarbeiter gleichermaßen vom Altersmix. Während die jüngeren Kollegen frisches Fachwissen und neue Erkenntnisse von der Uni mitbringen, können die älteren ihre Erfahrung und ihr Wissen weitergeben. Dadurch werden die Voraussetzungen für ein effizientes und lösungsorientiertes Arbeiten geschaffen. Rund 18 Prozent der Mitarbeiter an den 27 Standorten sind über 45 Jahre alt. (7)

Um dem Arbeitskräftemangel entgegen zu wirken, werden deutsche Unternehmen künftig vermehrt ausländische Mitarbeiter beschäftigen müssen. Eine Tatsache, für die Procter & Gamble heute schon die Voraussetzungen schaffen will: Auf dem "Internationalen Diversity Festival" des Betriebs wurde den Angestellten unmissverständlich klar gemacht, dass Ausländerfeindlichkeit im Unternehmen nicht geduldet wird. Ein Workshop zum Thema Age Diversity wurde ebenfalls abgehalten. (3)

Weil im Zuge seiner Expansion der Automobil-Zulieferer Brose vermehrt jüngeres Personal beschäftigte, drohte wichtiger Erfahrungsschatz von gestandenen Führungskräften verloren zu gehen. Innerhalb von zwei Jahren hat der Betrieb über 100 Mitarbeiter im Alter von über 45 Jahren eingestellt, um mit deren Hilfe die Effizienz und Qualität zu steigern und gleichzeitig Fehler zu vermeiden. (1)

Weiterführende Literatur

(1) PERSONALMANAGEMENT Abkehr vom Jugendwahn
aus Sparkasse, Juni 2005, Nr. 06, S. 48

(2) Gefragte Veteranen
aus Lebensmittel Zeitung Spezial Nr.01 vom 01.04.2005
Seite 026

(3) Balzer, Heike, Das Ende der Mono-Kultur ist Chefsache. Procter & Gamble nutzt die Vielfalt der Mitarbeiter - Internationales Diversity Festival wird global ausgerollt, Lebensmittel Zeitung, Nr. 20 vom 20.05.2005, Seite 056
aus Lebensmittel Zeitung Spezial Nr.01 vom 01.04.2005 Seite 026

(4) "Die Älteren sind besonders motiviert"
aus Frankfurter Allgemeine Zeitung, 21.05.2005, Nr. 116, S. 25

(5) Rück, Daniela, Wettlauf um die Älteren, Lebensmittel Zeitung, Nr. 13 vom 01.04.2005, Seite 046
aus Frankfurter Allgemeine Zeitung, 21.05.2005, Nr. 116, S. 25

(6) Fit wie ein Turnschuh
aus werben & verkaufen Nr. 29 vom 21.07.2005 Seite 078

(7) Ältere Arbeitnehmer: Chance für Unternehmen Im Projekt-Team sind die alten Hasen gefragt
aus Industrieanzeiger, Heft 19, 2005, S. 20

(8) DER METHUSALEM-PROFIT Fünf Millionen in Deutschland sind ohne Job - doch die Alterung kehrt die Verhältnisse am Arbeits markt schleichend um. Wenn die Politik jetzt handelt, ist Vollbeschäftigung möglich. Serie Demografie-Wandel Arbeitsmarkt
aus Capital vom 17.02.2005, Seite 16

Impressum

Best Agers - mit Age Diversity gegen den Arbeitskräftemangel

Bibliografische Information der deutschen Nationalbibliothek

Die Deutsche Nationalbibliothek verzeichnet diese Publikation in der deutschen Nationalbibliografie; detaillierte bibliografische Daten sind im Internet über http://dnb.d-nb.de abrufbar.

ISBN: 978-3-7379-0894-8

© 2015 GBI-Genios Deutsche Wirtschaftsdatenbank GmbH, Freischützstraße 96, 81927 München, www.genios.de

Alle Rechte vorbehalten. Dieses Werk ist einschließlich aller seiner Teile – z.B. Texte, Tabellen und Grafiken - urheberrechtlich geschützt. Jede Verwertung außerhalb der Grenzen des Urheberrechtsgesetzes bedarf der vorherigen Zustimmung des Verlags. Dies gilt insbesondere auch für auszugsweise Nachdrucke, fotomechanische Vervielfältigungen (Fotokopie/Mikroskopie), Übersetzungen, Auswertungen durch Datenbanken oder ähnliche Einrichtungen und die Einspeicherung und Verarbeitung in elektronischen Systemen.